AF275589

ACÚSTICA DE HUÉRFANOS

Eugenia Sánchez

COLECCIÓN ITES

ACÚSTICA DE HUÉRFANOS

© Eugenia Sánchez Rodríguez
© Dibujos de interior y portada:
   Francisco José Puche Sánchez
© Prólogo: Manuel Avilés Gómez
© Corrección ortotipográfica: Isabel Caballero
© de esta edición: Olé Libros, 2025

ISBN: 978-84-10053-91-5
Depósito legal: V-261-2025
Impreso en España

KALOSINI, S. L.
Grupo editorial olélibros
equipo@olelibros.com
www.olelibros.com

Dedicado a mis hijos, Luis y Francisco, y a mi nieta, Astrid.
Ellos son el alimento de mi existencia.
Ellos tres son mis maestros en el arte de amar.

PRÓLOGO

Eugenia es una mujer, también poeta, con la sensibilidad desatada. También con la delicadeza, la finura y la certeza en la expresión que se esperan de una mujer poeta. No soy consumidor de poesía habitualmente, leo a diario más ensayo y novela negra e histórica. Ando más pegado al suelo, más clavado en la tierra. Me gustan Miguel Hernández y Jorge Manrique, los dos poetas más grandes de la historia. De joven, me gustaba Paul Eluard, el poeta francés que cayó en el gran error de compartir vacaciones con otra pareja y en ellas perdió a su mujer. Dalí no le puso los cuernos a Paul Eluard llevándose a Gala porque él de quien estaba realmente enamorado era de Federico García Lorca desde que ambos vivían en la famosa Residencia de Estudiantes. Un enamoramiento recíproco. Dalí le llamaba Federiquito y su nombre fue prácticamente lo único inteligible que Dalí pronunció a las puertas de la muerte y tras una larga agonía. Dijo el pintor: «El meu amic Lorca».

Yo, casi adolescente, como he comentado, leía a Paul Eluard, que era el seudónimo de Eugène Grindel, poeta que perteneció al surrealismo y que al vivir las guerras llevo su escritura hacia temas sociales y comprometidos, como en *Une leçon de morale* (1949). Esta evolución nos dio las claves de su altura como poeta hablándonos de su deseo de que el hombre encontrase su armonía con la sociedad que le rodea. Conforme me adentro en la lectura de *Acústica de huérfanos*, voy descubriendo ese hilo de conexión entre la autora y los

7

autores que querían visibilizar las consecuencias y horrores de las guerras, y en contraespejo, la necesidad de ser humano de abanderar la esperanza. Yo he leído desde joven empujado por mi exmujer, la madre de mis hijos, gran filóloga, música y lectora, de la que creía que estaba enamorado, y el amor me ha venido ahora, cuando la veo cuidar a mis nietos y me entran ganas de hacerle un monumento con diseño faraónico y placa solemne y poética, a ser posible, en reconocimiento a su trabajo único. Eugenia hace lo propio con los suyos. Ellas abanderan siempre la esperanza.

Este libro —o cualquier otro— no habría sido posible si, hacia el año 3500 a. C., un sumerio que habitaba en las llanuras feraces entre el Tigris y el Éufrates no hubiese cogido una tablilla de barro y hubiese hecho unos signos intentando anotar unas medidas de cebada en un almacén para guardarlas en la memoria y que nadie lo engañara con las medidas. En la ciudad mesopotámica de Uruk, de la mano de Kushim, un contable —como si ahora lo anotara un estudiante o un profesional de ADE—, surgió el gran milagro de la escritura, de comunicar el pensamiento y la realidad por medio de signos y a distancia, lejos en el tiempo y en el espacio, del receptor del mensaje.

La primera escritura de la historia no contiene pensamientos filosóficos, ni cuenta aventuras, ni poesía, aunque en la India se escribió el texto épico más largo de la historia, se trata del el *Mahabharata,* con cien mil versos y que se calcula que fue escrito en torno al siglo IV a. C. Fue la tradición oral la que se encargó de recitar a modo de noticiero historias de otros lugares.

Sapiens, de Yuval Noah Harari, nos deja claro que las primeras escrituras nos hablaban de cereales almacenados para comer a salvo de ratas, alimañas y ladrones. Por fortuna, el hombre siguió evolucionando y, cubiertas las necesidades básicas y la intendencia esencial, dio rienda suelta a lo que lo diferencia del resto de seres vivos: fue capaz de inventar y de mentir fabulando, fantaseó con historias que nunca existieron y recreó las que habían sido reales modificándolas con su creatividad. Reflexionó sobre la vida y la muerte —y de ahí nacieron todas las religiones— y habló del amor con imágenes sublimes, de manera suave y exaltada, dulce y agria, pacífica y guerrera, porque el amor jamás genera indiferencia. «El amor cuando no muere mata», dice Sabina, pero nunca se mata por amor. Siempre anda en ebullición y quiere comerse a la amada a «bocaditos chicos», como Camarón, o arrumbarla en el olvido imposible tras putadas incontables. Desde la Laura de Petrarca a la Lola de Larra o a la Guiomar de Machado. Guiomar, Laura, Lola..., el amor que mueve el mundo y sujeta la existencia. El amor, el que hace que Albert Camus no tenga razón del todo y el único problema filosófico importante de la existencia no sea si es preciso suicidarse o no.

Eugenia, con este libro que es poesía de la primera a la última letra, manifiesta el amor de la manera más increíble: ve a los niños masacrados y los ama, ve el derribo del paraíso y quiere reconstruirlo, ve a los cobardes y quiere engendrarlos... Es una mujer que solo quería ser un animal...

El amor no es indiferencia en ella, y es través de él, de la valentía que da amar a los demás, como denuncia las manos culpables del dolor causado a los inocentes, y lo hace como una filósofa existencialista, preguntándose si es una mujer a la que han perdonado solo para recordar.

No estamos ante una broma ni ante un ejercicio meramente estético. ¿Qué será el mundo cuando todo sea memoria o incluso ni eso? Pedimos paz continuamente sin que nadie nos escuche. Eugenia filosofa —ojo, que no tiene acento, es un verbo y no un substantivo— con las manos sobre el gatillo y conoce los nueve milímetros. ¿Parabellum? ¡Estamos hablando de guerra! No es posible vivir ignorantes de lo que sucede a nuestro lado, porque no está lejos lo que está pasando, son también nuestras hijas, hermanas y familia...; no se puede ser una persona que lleven y traigan sin que sepa dónde va; no es posible dormir sonando la *Acústica de huérfanos*, enlatada en las noticias...; no es posible mirar al cielo y ver trincheras; no es posible ser solo una mujer perdonada.

Ella, la escritora, la que escribe letras, silabas y palabras —versos— que nos recuerdan, como la profecía de un pasado, que no hay que olvidar.

Eugenia se moja en su poesía y sufre y se desangra con las guerras que no son sino «la política por otros medios», como decía Von Clausewitz, la forma más aséptica para equilibrar economías y hacer que las bolsas sigan con sus asientos contables cuadrados. ¡Por favor! No seamos tan imbéciles de pensar que las fábricas de armas y municiones, de fragatas, portaviones y submarinos pueden soportar sus balances negativos si la muerte que producen no se vende en tiempo y forma y se paga sin demora.

La poeta suplica: «¡Dispara, por favor!».

¿Qué es eso de «tu piel láctea»? ¿Sirven para algo las trincheras en el cielo? Estas preguntas son pura filosofía, lo mismo que lo eran las que se hacía Aristóteles sobre la materia prima y la forma substancial. Como cuando Plotino se preguntaba sobre el Uno, o Ludwig Feuerbach sobre si el hombre ha creado a Dios o ha sido a la inversa.

Eugenia le pregunta a Dios qué pasó tras el mordisco de la manzana, y afirma que, después del pecado del conocimiento, las escuelas, el hospital, la casa... se cubren de polvo cálcico y venas. Esto no es nada romántico, esto escuece y eso se desprende de la poesía de Eugenia Sánchez. Ella quiere escocer y molestar al lector, hacer llegar su esencia de persona que mira de frente a los temas decisivos.

¿Las ráfagas pueden ser de otra cosa además de balas? ¿Qué podemos hacer?, ¿en qué queda nuestra estética cuando nos desbordan las cicatrices? ¿Qué clase de vida disfrutamos si anda enlutada entre lamentos?

Tú, Lola. Tú, Laura. Tú, Guiomar. Tú, Carolina. Tú, Ana, Carmen, Isabel, Luz o Manuela. Dios tiene que existir porque existís vosotras y no requerís de ninguna teología que se parta la cabeza y busque sofismas ni ideas absurdas para demostrarlo porque sobran los argumentos.

Yo saboreo tu vientre, yo abro tus labios y me fundo contigo para dejar sin sentido a la destrucción y a la muerte, porque en ti está la vida. En ti que eres una mujer que «han dejado para recordar».

Eugenia deja que la *Acústica de huérfanos* resuene incesantemente en nuestros miopes corazones, sin señales eléctricas, y nos pide despertar, ella está:

«Despierta, muy despierta
[...] y tú pensabas que dormía».

El texto va intercalando una serie de incisivas imágenes, recreando esos momentos de angustia existencial, de impotencia y desgarro.

Eugenia Sánchez Rodríguez es creadora implacable, poniendo música a los huérfanos que nos cuentan cómo fueron esos últimos minutos entre los cascotes. Ellos cantan a través de la cadencia de sus versos estructurados en catorce poemas-pasos. Entre ellos bien podría recorrerse la vigilia, cuando se prende la luz en plena oscuridad para alumbrar la pasión y muerte que va a llegar sin pedirlo. Continúa con un canto de esperanza y cierra el libro en un soneto donde pone orden y certeza a este viaje hacia la orfandad, no ya de padre y madre, sino de futuro, de oportunidad, de amor. La poeta, sin embargo, se apiada de los restos que quedaron tras el derrumbe y nos invita a engendrar fusiles, a engendrar a los cobardes a salir del Templo.

Eugenia nos toca la conciencia con un aldabonazo que se repite constantemente en contra de nuestra voluntad. Ella elige dar voz a los muertos, en una acústica que más bien suena a texto litúrgico, a campañas de tres golpes...

Acústica de huérfanos nos mueve el alma y nos suscita mil interrogantes. Poesía en estado puro, poesía que eclosiona en las dentelladas de la memoria.

Manuel Avilés, Alicante, 2025

NOTA DE LA AUTORA

Acústica de huérfanos es un libro de poesía que hace un viaje de tres días: ayer, hoy y mañana. Tres tiempos que ocupan toda una vida, todas las vidas en una vida que viaja a través de las ondas que se propagan por el canal del dolor, su manifestación es canalizada por la materia humana y nos sitúa en las avenidas y calles, en los desiertos y aguaceros; nos pone de frente la indiscriminada potencia de una bala viajando hacia el corazón de un niño, tal vez, al vientre de una mujer, a las manos de tantos hombres, de tantos huérfanos de humanidad.

Mi voz, la voz poética, no es más que un testigo sin tiempo que ha sido perdonado para poder ser un canal sonoro de aquellos que ya están rodando por el suelo. «... soy herencia del vértigo / de sus ardientes teselas / trayectoria infatigable, / sonido entre la molécula. / Ya soy / acústica de huérfanos».

Cuando empecé esté poema, la guerra de Ucrania ya llevaba dos años, y al poco comenzó la guerra de Oriente Medio. Los bombardeos, los niños destrozados, las mujeres rotas y los hombres peleando a muerte entraron en mi casa, pero los callaba y los dejaba acurrucados en mi corazón para poder seguir atendiendo a mis propias batallas internas; era tiempo de apaciguar el fuego que estaba quemando mis tripas. Soy madre monoparental y era cuidadora de mis padres a la vez, también trabajaba para proveer..., estoy segura de que sabéis de lo que hablo. Sin embargo, las voces de esas personas

13

abatidas hacían eco en mi interior. Con delicadeza y valentía empecé a escuchar sus voces y fui tirando del hilo de la poesía para componer su acústica.

No comprendo las guerras, creo que la mayoría no las entendemos, no podemos competir con el poder de una bala, no alcanzamos a entender qué significa ver a tantos millones de niños destrozados, muertos y, lo peor, aprendiendo a matar...No, no lo entendemos, y es que no se puede comprender ese nivel de necesidad de poder y dominio a base de sumar muertos. Qué lejos queda la visión de Kant, aquella utopía suya sobre *La paz perpetua* a través de la razón y la moralidad. Consideraba que, a pesar de las inclinaciones belicosas de los individuos, se podría superar la guerra mediante el progreso ético y político..., y no solo en los enfrentamientos físicos, sino también en el ámbito de las ideas, valores y las religiones ¿Tendríamos que asumir que la violencia es una parte inevitable del ser humano? ¿Y que solo el ser humano es capaz de matar para obtener beneficio y placer dominando a los demás?

Reflexionar sobre la guerra es reflexionar sobre la paz, sobre la solución a la convivencia en diversidad, sobre el reparto territorial de manera justa... Este libro que recorre los catorce pasos de una vigilia, y no es un libro religioso, sino que son los pasos coincidentes con los catorce poemas que comprende un solo poema de viaje. Un trayecto trágico y valiente basado en un estado de atención, de reflexión; un estado de conciencia despierta y soberana para poder interactuar con lo que sucede a tu alrededor sin miedos y así desarrollar la capacidad de resistencia frente a la tragedia.

Sin lugar a dudas, hay momentos en estos catorce poemas en los que el desamparo toma poder y la voz duda y llora. La voz que me llega es de desprotección, de vulnerabilidad, y me siento terriblemente sola al escribir esos versos. Me han perdonado para ser la testigo de tantas memorias, para recordar todo aquello que yo quiero olvidar, porque tan solo quiero ser un animal que guarda el hocico; yo quería olvidarme de los ciento cincuenta millones de muertos (maldita memoria —dispara, por favor—).

Mi viaje, el viaje del poema sigue su camino de solidaridad, de acompañamiento y es la luz la única salvación, «toma mi linterna», la guía hacia el cambio, hay que salir, continuar caminando por el mundo, tal y como va reconfigurándose. Todos buscamos un mundo mejor para nuestros hijos, todos saldríamos corriendo de la metralla, del dragón de fuego, todos tenemos un niño muerto en las trincheras del cielo, a todos se nos ha muerto un amor, un perro…, pero seguiremos, la condición de la vida no es caer, es seguir.

Si en mi libro *Espacios en el Agua* (coparticipante en un proyecto artístico educativo para construir espacios con pluralidad de voces, apoyado por la Cátedra de la UNESCO-UV) soy la voz de los que insisten en llegar, aquí, en *Acústica de huérfanos*, soy la voz de los que insisten en salir. Salir del templo y de las trincheras del cielo para engendrar y amamantar el maldito paraíso.

De lo humano

I

Cuando todo sea memoria,
el mundo será una fuente
el mundo será un trigal.

¿Recuerdas?
Los días se desangraban
la noche pedía préstamos de paz,
los animales y los humanos
sintieron dientes en el aire,
pusieron las manos en el gatillo.

¿Dónde mirar?

Crepitaban montañas,
el F22 Raptor nos miraba de frente,
y en la frente a 9 milímetros
exhalábamos gotas
de esperanza.
Abatidos cayeron
los pétalos de aquella carne tierna
que ya no palpitaban.
Ojos azules, rígidos
mirando a un cielo plata
entornado.

Un reguero de voces vivas gritaba:
«¡hay trincheras en el cielo!»

Cuando todo sea memoria,
el desierto será del mar
el desierto será del viento.

¿Recuerdas?
El pulso de la tierra era de neutrones,
las noticias vomitaban bombas
los teléfonos gritaban delirantes,
la mentira acosaba los mapas
y la respiración era sorda,
sigilosa, seca,
ahogada,
entumecida.

                              ¿Y el espíritu?

El espíritu huía buscando un templo,
buscaba Canaán.
Cuando todo sea memoria
las amapolas geminaran arenas
el mundo mutará en hojas

                              ¿Dónde mirar?

II

Un latido que cruza el asfalto
se hace con un alijo de cicatrices
¿Cuánto lamento cabe en un instante?

La ráfaga voló tras los jilgueros
entre sus epitelios,
un infierno ascendente,

$\qquad\qquad\qquad\qquad$ vida viva enlutada.

El sonido punzante de élitros
crispa los pensamientos
y las lomas del bosque
caen sobre el mar.
Todo se torna borroso, denso,
como sangre mezclada en barro.

III

El cúmulo de ruido reventó
en la sala de partos
en el cuello rosado
en la matriz alada
en los pies huesudos
en la mesa del domingo
en el pupitre verde.

—Reventó nuestros cuerpos ceñidos—

IV

Un pájaro mecánico abre la ventana
nos corteja a altas horas
pasa la noche en nuestra
almohada.
Seducidos, abrimos los labios,
nos besa.
Entonces me chupa la saliva
de los restos del amor,
saborea mi vientre, tu sexo
nos abre las arterias
nos cierra los ojos.

V

Deberíamos saber la medida
del aliento, cuánto
gemido anida
en la boca cerrada.
Deberíamos estar juntos
entre los laberintos de bengalas
en la noche de ráfaga infinita
deberíamos saber
que comen los asesinos.

Cuando todo sea memoria,
los niños serán cometas
por encima de los soles.

Hay dos bocas en el mundo
la que come y la que gime,
la que muerde y la que sangra,
la que escupe y la que traga.

Dos bocas de amor
dos bocas de muerte.
Para ser uno fuimos dos.

Hay trincheras en el cielo.
Hay doscientos cincuenta millones de muertos
con su pánico, con sus risas
con su amor inconcluso.
Deberíamos darle un nombre
a los que no pudieron a amar

—yo solo soy una mujer
con el don del recuerdo—.

Hoy han venido a visitarnos
doscientos cincuenta millones de niños.
Cuando todo sea memoria

sus nombres
serán la estrella de mi boca.

VI

Desde el puente llegaron las tanquetas
pasaron por encima de las caras
devoraron todos los rostros
y por la tierra embarrada
el pálpito de las aortas
resonó como un eco maldito.

Todo fue pan,
sí, el nuestro de cada día
todo fue deuda
todo fue ofensa
caímos en la tentación y

en el cielo hay trincheras.

VII

En el agua sueñan los muertos
En la tierra sueñan los cráneos
En el aire sueña la inocencia
En el fuego renace la vida
En el Éter regresamos a la luz.

Cuando todo sea memoria
desenterraremos los ojos blancos,
los ojos negros,
desenterraremos

                            los ojos abiertos.

VIII

La luna no espera la madrugada,
hace tiempo que tendemos alfombras a los muertos
hace tiempo que no encontramos las llaves
hace tiempo que se han oxidado
los tallos de las rosas
los libros
la ternura
los muertos se han oxidado.

La luna no espera la madrugada

Hace tiempo que fracasó
el encanto
la voz
la piel
su deseo.
Tu beso fracasó
sin mis labios.

IX

Tú lo sabías, yo lo sabía
y hablábamos de otras cosas
y miramos a otros lados
y abrazamos a otras palomas
y comimos en otras mesas.
Tú lo sabías, yo lo sabía.

X

Nos pueden quemar las huellas
Nos pueden cambiar la sangre por acero
Nos pueden poner el plomo en la nuca
Nos pueden licuar vivos
Podemos ser como vacas, patos, cerdos.
                    Podemos ser niños.

                         Pueden
                                  vaciar
                                        su alma.

Tú lo sabías, yo lo sabía
Y fuimos a pasear
Y fuimos a respirar
Y fuimos a celebrar
Tú lo sabías, yo lo sabía
Pasamos por alto la pérdida del uno (...)
                              del dos.

El duelo del polvo
nos estaba matando
y nos pusimos a dormir
con los ojos cerrados,
hicimos el amor
con los ojos cerrados,
y comimos pan.
Con los ojos cerrados,
murió el bebé.

Con los ojos cerrados vimos
trincheras en el cielo.

De lo humano
Al minuto siguiente

I

Al minuto siguiente del derrumbe
entre escombros, cascotes
y ceniza
habré de proteger nuestra palabra
con tus manos, las mías.

Corazón de los vientos.

La palabra ahogada
a mitad de garganta
se sumerge en las huellas
desvirtuadas
del origen en nuestra carne viva.

Habré de crecer
hacia el sol y su chispa
y en las calles grasientas
bocas agrietadas, miembros
inconexos,
edificar aquello que ya somos:
honor, libertad, agua, viento, pan.

¿Será el cielo quien sopla
cenizas de la pata de la yegua?

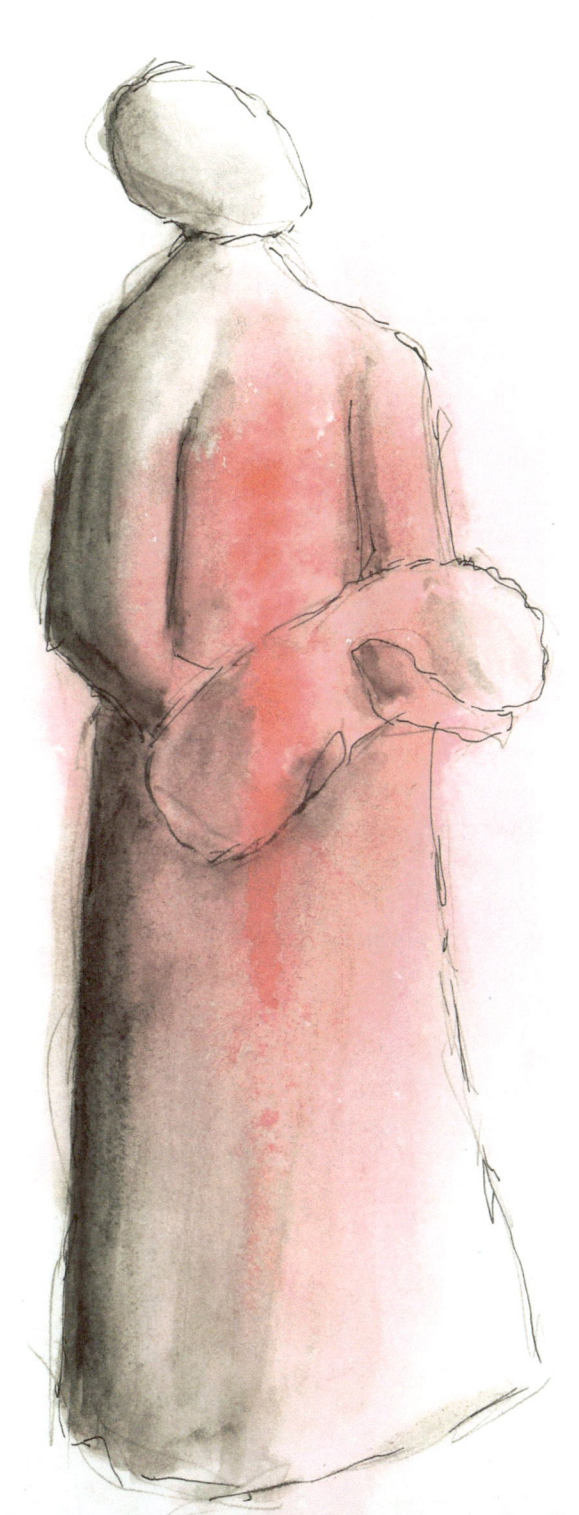

II

¡Respirad, respirad!
Que llegan las abejas, su prodigio
que llegan con las voces de la selva
que llegan con serpientes y manzanas
que caigan en tropel
los astros, su vital germinación
que incendien las trincheras,
sus oráculos
el alfabeto del miedo.

¡Cógela en brazos!
—ella sabe caminar—
¡cógela en brazos!
—dispara, por favor—

Que regresen los niños a la cama
al jugar de los sueños
al comerse de besos.
Que regresen cometas
que regrese mi perro
que regresen tus ojos dulce miel
¿por qué sigo viva?

—solo para no olvidar—
¡dispara, por favor!

III

Voy a sellar el espacio
hostil donde las larvas
murmuran por debajo de la tierra
secreta de los cráneos.

IV

Habré de guardar nuestra palabra
encima de las armas
para nombrar en nombre de los no natos
que gimen entre escombros.
Y que en su aliento se impulsen las cometas,
sean alas de payasos.

V

Lloraré, lloraré envenenada.
Viviré envenenada de cascotes
con la piel parda y agria
con aortas bramando:
¡piedad, caricia, casa!

Y moriré sabiendo
que no pude evitarlo
pero entonces
                    ¡entonces!

Abrazaré tu cuerpo blando, lácteo
y seré como tú,
solo el aullido en el tiempo,
voz sin sangre
solo palabra.
Línea recta donde morir.

Y tu ser blando lácteo
vendrá conmigo, en mí.

En la cicatriz de la sonámbula hierba
grita tu sed
abortando mi trigo.

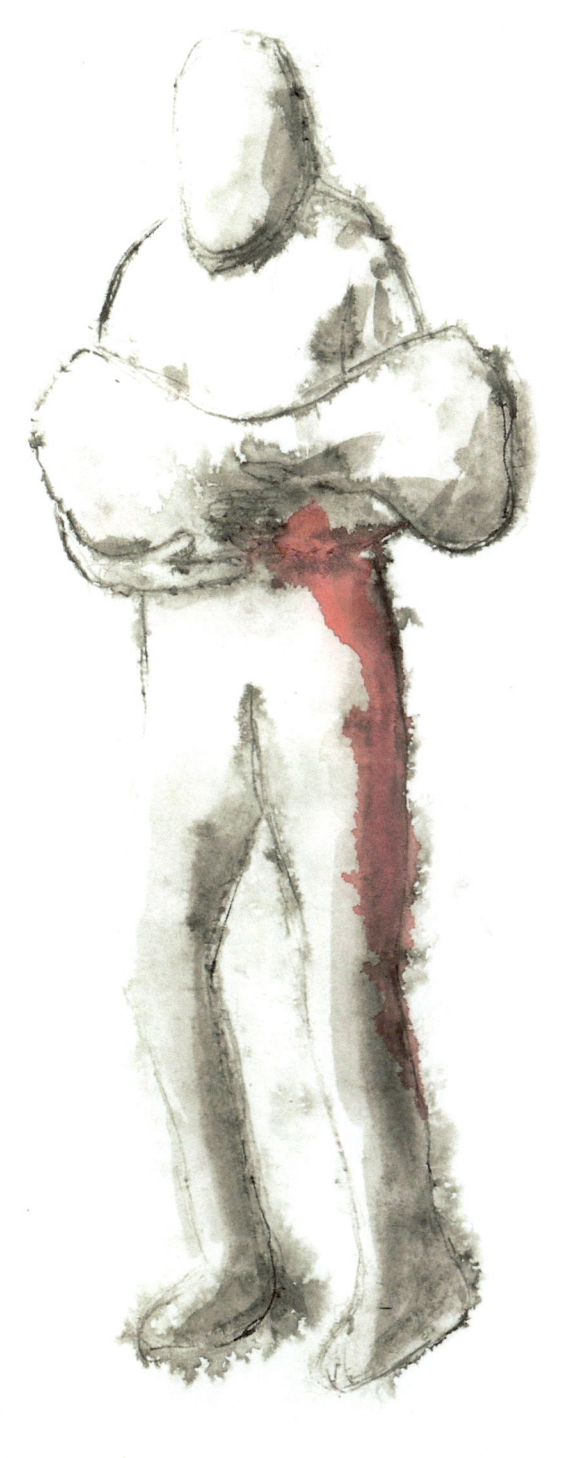

Silencio

I

Sobreviví a la sangre y por el fuego,
llegué a casa, todo era pulcro
y allí planté raíces.
Comprendí que la voz
es el astro que guía mi camino
incluso antes
del maldito bocado
de su asedio
de su persecución impune,
voz de bruma
voz de fuego
sonando en la catarsis.

II

Tiempo de cicatriz sobre sonámbula hierba
la tierra azul, el humus residual,
tiempo de caprichoso asedio.

¡Tu sed quema mi trigo!
¡Tu sed arde mi sangre!
¡Tu sed bebe mis huellas!

ARCHÉ

Comimos la manzana y de los restos
del pecado
nos cubrimos con capas
de nubes. De rechazo
nos cubrimos la carne
de granizo, tormenta y venas
que hoy caen al hospital
y en tu escuela llueven los huesos
quebrados por «las racimo»

todo se cubre
de su fúnebre
polvo cálcico.

Encima de un cascote
habla tu muñeca sola
—mamapapaiaia—
¡Coge mi linterna
huimos juntas!

Te busco entre la masa del derrumbe
lágrimas, bocas, dedos, corazones
¿dónde has ido mi niña?
¡voy contigo!
—mamiaia—
¡Sin ti no sé entrar!

El dragón tiene hambre

Son cuervos esqueléticos
necesitan de nuestra muerte
necesitan tu piel blanda.
Vamos a la trinchera uno, tú y yo,
alguien hace el clic sobre el botón
clic y... juntos comemos
con madre y con padre.
Su recuerdo a olor frío,
la indiferencia de sobrevivir.

Recuerdo tiritar
su sonido retumba
a ritmo miserable
madre cosía días
padre atizaba piedras
su canto de mi boca
su frío para mi alma
su pena de mis ojos

Yo los recuerdo
tras la sombra fría del reloj
alumbrar de ígneo aire
el edén vacío.

Recuerdo el amor entre los humanos,
yo recuerdo la mano abrir el agua
recuerdo que teníamos un árbol
que resistió la nevada.

Yo recuerdo la dulce luz
de tu aliento
resbalar por mi cuello.

Puedo hablar sin olvido
las estrellas del otro lado
la madre llama a su hijo.
Puedo hablar.
Puedo hablar y no olvido
la mesa, el pan, el agua
la madre llama a su hijo
el niño no regresa

—no regresa—

UNOS OJOS HUMANOS

Cierro los ojos, han dado la vuelta al mundo,
el mundo me ha dado la vuelta a la piel.
Las raíces rechinan,
la misión del hombre quemó los mapas
con puños de acero y sucumbió a la deriva el paraíso
Ahora necesito descansar, siento la fatiga del tiempo.
—El tiempo es eterno, no acaba, no acaba—.
Ya no miro igual que ayer
no percibo los matices del mar,
sus brillos, sus sombras.
Ya no veo tu ropa sobre la cama,
el desorden de los gemidos,
las ventanas de par en par.
Es cierto, ya no veo el temblor bajo los pies
al cerrase la puerta del refugio,
el tiritar sobre los campos de trigo minado.
Ya ni el viento ni las nubes me sientan igual,
el sol es perezoso
el sol está acabado
¡tomó la dirección del exilio!
Ya no me acompaña la misma lluvia
parece que no caiga del cielo,
ya no es el mismo cielo el que vemos
este lleva sal gorda.
Nadie debería cambiar tanto
nadie debería están tan cansada,
el mundo no debería de estar tan cansado.
Los ojos nacieron de la luz.

Nadie debería mudar la piel para renacer,
para volver.

Todo ha cambiado desde aquel día
¿pudimos evitarlo?
Demasiadas lágrimas,
demasiado jirón,
demasiada deuda.

Ya no alborotan los niños mi acera
—mi perro también murió—

Se han marchado todos al cielo,
a la tierra
al fuego
y a mí me han dejado para recordar.
—maldita memoria—

Ya no soy la misma, todos los de antes lo sabéis
ahora los nuevos comprenderéis
las partes que se quedaron.
Algunos nos reconocemos en la nueva forma
otros miran y callan.

Ella, ella me dice con su tierno verbo
—dispara, por favor—

He seguido una dirección no pensada.
Desde aquel día
estoy en ruta desconocida.
Me cuesta mirar este mundo
la fealdad de la vaca pariendo,
el niño se le cae
el pasto esta reseco.
Me duele el azote al nacer
su sonido colisiona con una nueva huella.

Tengo que besar labios helados
de los cuerpos inertes
     de los testigos.

Pregunté bajo la cruz qué paso el día del mordisco,
cuál era su intención,
por qué desde entonces nos maquillan los rostros
y ahogan a los bebés.
Quería ver el dedo indicativo,
seguro y asesino,
yo quería morir como ellos
olvidarme de las orillas
con olor a cadáver.
Quería... quería olvidarme
de los ciento cincuenta millones de muertos
no me queda sitio en las manos para recibir
la visita de los niños azules
      —mi perro también murió—

Yo quería volver a casa,
cerrar los ojos, descansar,
pero me han dejado aquí para recordar.

                      Tengo el testigo de tantas memorias
                      alzando su baluarte.

Yo quería saber cómo son los cuerpos cuando caen de la hoguera
qué formas toman, cual es el afán de su alma.
A qué huele el dolor soez de una boca comida,
leer en las ascuas de sus huesos.

Yo quería consumar,
preguntarle a Dios
sobre su olvido
y saber cómo rezar
                  y retirarme a rezar con marionetas.

Pero no voy a confundirme,
lo único que yo quería antes del todo
era ser tierra y que los cuerpos caídos me diesen leche.
Quería que los pájaros anidasen en mi habitación
alimentarlos y secarles los ojos,
ver el agua entrar por la ventana
ser un cauce,
             un destino
                   transcurrir
                         caer al océano.

Yo quería ser un animal,
gritar como un animal,
guardar el hocico de hielo.

Un animal para sentir tu pánico, tu miedo,
pero comí de la manzana
quería...

                              quería amarte
                              después del final.

                              ¡No quería matar!
                              ¡no quería matar!
                    Yo quería ser un animal.

Y solo soy una mujer que han dejado
para recordar
la acústica de huérfanos.

—Dispara, por favor—

Vigilia

Los diamantes relucen
entre el adobe brillan,
brillan los cuerpecillos y flotan
en los mares.
Las niñas amamantan a sus niñas.

  —Soy una mujer que han dejado para recordar—

La estupidez
Lo irracional
La torpeza
Lo inexacto
Lo humano

     Y tú y yo que estuvimos juntos
      deberíamos parar esto
     deberíamos seguir juntos
       y regresar a casa
        abrir la puerta
        abrir los ojos
        abrir la cama
      y cuidar de los jilgueros.

Soy una mujer perdonada,
para recordar el lacónico aullido
en el laberinto de los huérfanos.

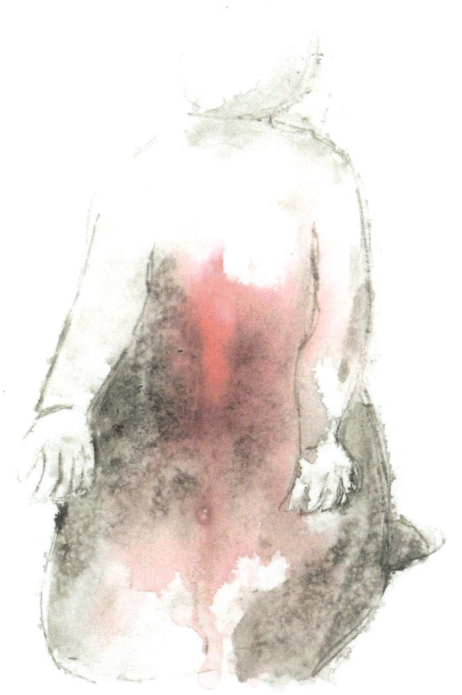

Toma mi linterna

I

He resistido
he esperado
he llegado
sin desahucio de casta.
Aquí estoy
permanente en el tiempo,
invencible,
soy la grieta por donde salir
su centella
su verbo desbocado
su línea intocable

¡ven, toma mi linterna!
¡ven, escapamos juntas!

II

De metralla y satén
te vistes cada día
te desnudas de noche, amas a tu hombre
acurrucas a tus hijos
caminas por la franja
caminas sola. Tú y yo aprendimos
solas a caminar
en el frente de los ríos
al frente de las trincheras del cielo.

Solas con el fuego encendido
solas con la metralla viva
solas en la tormenta luminosa
solas los esperamos, caminamos
para morir al fin con ellos.
En la franja, en el mar, en el desierto,
en continente
sin contenido,
en corazón
                baldío,
de corazón sin latido.

Juntas esperamos la ráfaga
anterior al silencio...

                    ¡Ven, toma la linterna
                    escapamos juntas!

De lo humano II

I

No queda ni un cristal por bramar
no hay piedras que regresen,
ni alfabeto sonoro.
Cae saliva al pozo famélico

en la cueva se apagó
el latido del fuego.

No hay lágrimas por dentro del cemento
no quedan más cigüeñas,
no quedan más estrellas por preñar.

Habremos de engendrar
los fusiles, los dragones,
habremos de engendrar
a los cobardes.

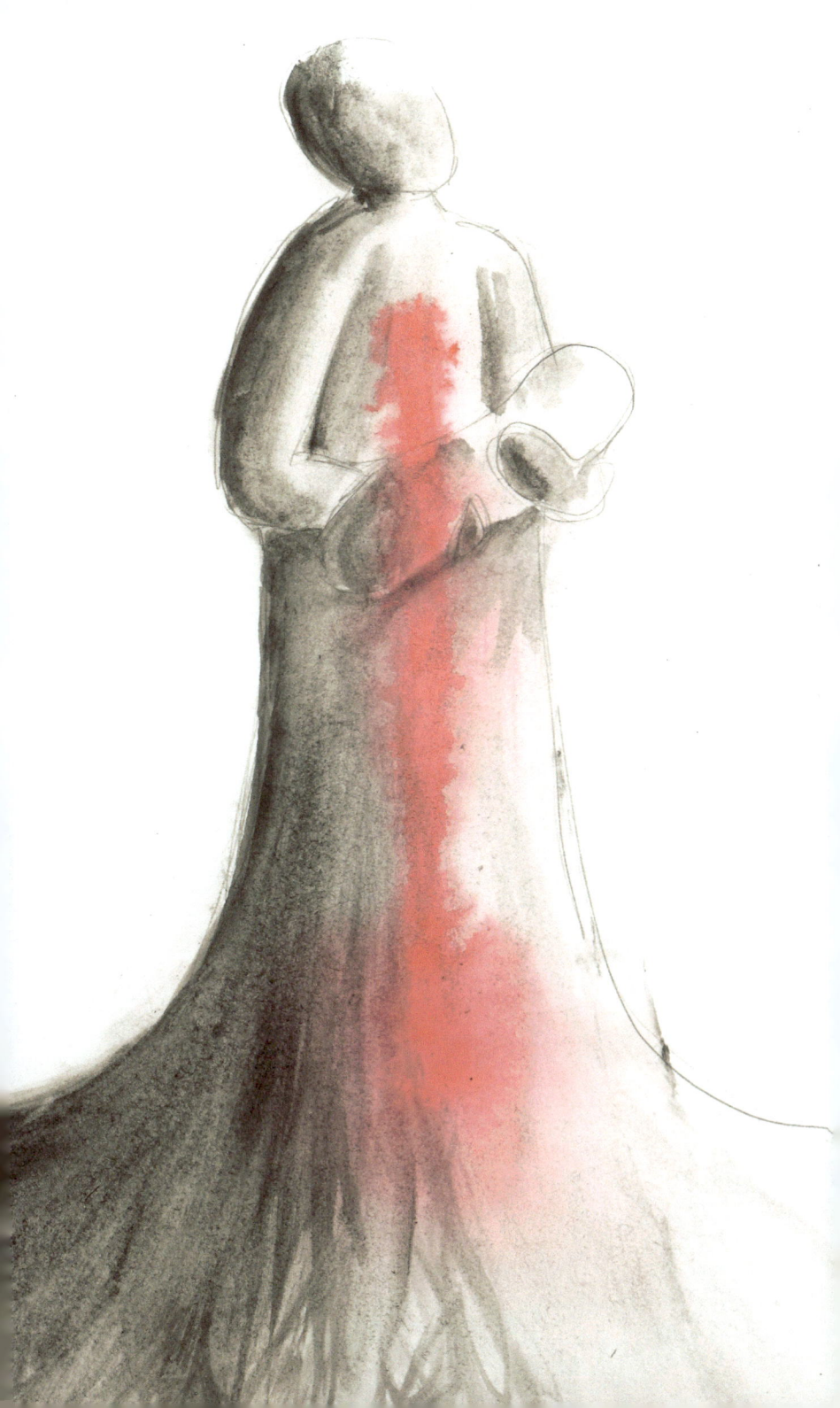

Engendrar y amamantar
el maldito paraíso,
sembrar la desnudez de un alma
por nacer.
Sí, amar con emanante luz cardiaca
y con torrente de flama que penetre

la orfandad de los huesos.

Acariciar la noche con ternura

Extenuados
Consumidos
Calcinados
Apasionados

Mirarnos y sentir
el atronador
ruido de la catarsis.

Del epitafio blanco,
su súplica.
La acústica de huérfanos.

II

Tras el exilio veo el espectro
de la ruina como un reproche helado
como viento que acelera la tormenta.
Dicen que es un orden nuevo
con una identidad sigilosa
Un nuevo dios, un nuevo templo
donde irán a rezar
arrepentidos niños muertos,
arrepentidos huérfanos.
Niños asesinados
tendrían que rezar
por ti, por mí.

Rezarán

hermanos y vecinos,
presidentas, mecánicos,
grafiteros, roqueras,
los yonquis, el amante, prostitutas.
Sí, aquellos, los inocentes
rezarán con las manos del que hizo clic.

¡Vayan al nuevo templo!

Fuera todos y salgan del refugio,
aleluya hay un nuevo orden.
—Mi amor también ha muerto—

De lo humano
Última voluntad

Ya lejos, a un millón de años te espero
y cuando estés, te espero
después del amor, te espero.
Después del silencio, amor
                           te espero.

Debiera la música
impulsar nuestros pies
y sus notas suturar
el sutil armazón de las espinas
y restañar las grietas ignorantes
de esta creación de cal y sal.
Debiera la muerte
ser cosa de muertos
y la vida parirnos de nuevo
en su vientre.
Y vivir en el tiempo
uno, imperecedero.
Permitir a la tierra su deseo de nuevo
y que tome el pulso
a nuestros cuerpos, sus formas de humanas
para ser abrazados
al diamantino viento,
elevados
                 ser aquello que vuela.

Debiera ser mujer
que eclosiona su piel
liberar continentes
amamantar piel láctea.
Debiera ser mujer
debiera ser animal
debiera ser huracán
en esta madrugada
retorcida amenaza
ausente de cobijo.
Debiera ser mujer
y no recordar
solo ser dentro de ti,
en ti, para ti.

Hoy
la madrugada no despierta
es madrugada homicida
es laberinto y acústica,
dentelladas de la memoria.

Un canto

Ojalá que salgamos del orden
y salgamos del templo.
Ojalá y encendamos la espalda
y gritemos de nuevo
ojalá por lo menos
enterremos los muertos.
Ojalá no recemos,
y nos riamos al nacer
ojalá por lo menos
que uno a uno seamos más que dos.
Ojalá que las lenguas
sean para acariciar las lenguas,
ojalá los dientes nos protejan del disparo
y que la noche y el día
sean eje que atrapa el proyectil.

Debiera ver tu sangre renacer
en sangre de la madre
y del padre
para que no vuelvas a matar
a los niños,
para que no vuelvas a violar
a los hombres y que todas
las mujeres...

                              ¡sí!

Y que el chirrido de su cicatriz
deje de sangrar en mi alma.

Solo soy una mujer
que recuerda.
Despierta, muy despierta
y tú pensabas que dormía.

Última transición

I

Levanto los pies quietos de la tierra
en su geometría de horizonte
hacia las horas fértiles
que dominan la acústica del viento.
Levanto las raíces,
levanto de sus sombras los diamantes
que exhalaron los niños.

II

Un transparente viaje migratorio
que derrama los días tembloroso,
entre las venas blancas
entre la ensoñación
de jóvenes y lácteas huellas.
Sus latidos plurales me acompañan
vuelan como palomas
desde el fondo del pozo,
no entienden ni de llagas ni de sombras.

No quiero borrar lo que vi:
las aguas separadas
promesa, salvación, éxodo,
las dos tablas escritas,
el cruel acontecer de su pecado.

Ya soy lo que veré.

Ya soy herencia del vértigo
sus ardientes teselas
trayectoria infatigable,
sonido entre la molécula.
Ya soy
acústica de huérfanos.

LA ACÚSTICA

La acústica de los huérfanos
exhala el aura de acero.
Nada nos vaciará el alma de nuevo.

EL ORDEN, LA CERTEZA

Es cuando todo sea del recuerdo,
es cuando todo sea lo que sigo
el mundo beberá entre el fresco trigo
el mundo y sus rincones y su acuerdo

será un nuevo horizonte que dorado
nos alumbra un instante más certero
y tu lengua alienta el perfil que quiero,
la verdad que cayó y se ha derramado.

Somos sedal de nómada materia
palabra inabarcable, ojo salvado.
La ráfaga, vuelo e imaginería,

regresamos a casa, yo a tu lado.
Acústica de *arché* florecería
acústica del huérfano ya alado.

ÍNDICE